Le Petit Livre de la MÉDITATION FACILE

Greer Allica

LE PETIT LIVRE DE LA MÉDITATION FACILE

ÉDITIONS DU
ROCHER
Jean-Paul Bertrand

Je dédie ce livre à ma mère,
qui m'a toujours témoigné
un amour et une confiance
sans faille.

Titre original : *Meditation is easy.*

Première publication : Penguin Books, 1998.

Traduit de l'anglais par Paul Couturiau.

ISBN 2 268 03866 1

Cher lecteur,

Si je me suis tournée vers la méditation, c'est sans doute pour la même raison qui vous a poussé à acheter ce livre. Je n'étais pas heureuse. Je ne me sentais pas à la hauteur. Toutes les situations que je vivais semblaient relever du défi et contribuer à me déstabiliser. Il devait exister une meilleure façon de vivre.

La méditation m'a indiqué cette voie nouvelle. Je m'y suis accrochée parce que j'en éprouvais le besoin. Je ne voulais pas me contenter de survivre. J'étais persuadée qu'on pouvait accéder à plus d'amour, plus de joie, plus de chaleur. La méditation m'a apporté une nouvelle qualité de vie. Elle m'a entraînée sur le chemin de la découverte de soi.

Vos besoins ne sont peut-être pas aussi impérieux que l'étaient les miens, mais je suis convaincue que si vous adoptez à votre tour la méditation, vous en retirerez de précieux bénéfices.

Ce livre est comme un kaléidoscope qui éclaire différents fragments d'un ensemble. Ouvrez-le à n'importe quelle page et vous y trouverez un aperçu de ce qu'est la méditation ; toutefois, si vous le lisez d'un bout à l'autre, c'est une image d'ensemble qui se dessinera. Chaque double page est conçue comme un petit joyau ; vous y trouverez une information sérieuse et substantielle, un élément qui vous fera progresser sur le chemin, qui vous nourrira et vous soutiendra. Vous y trouverez de quoi alimenter votre mental mais aussi votre âme.

Lisez ce livre d'un cœur léger. Prenez-y du plaisir. Que votre lecture soit agréable et simple. Il m'a fallu du temps pour réaliser que je pouvais traverser la vie en luttant ou alors en dansant. Vous aussi, vous avez le choix.

Heureuse lecture… et joyeuse méditation.

Méditer est aussi simple que respirer

Avec un peu de pratique, vous constaterez que vous vivez littéralement la méditation, sans aucun effort, il ne s'agira plus alors d'une pratique. Seulement, avant de pouvoir franchir cette étape majeure, vous devez commencer par faire les premiers pas, comme un enfant qui apprend à marcher. Concentrez-vous sur une étape à la fois.

Suivez le rythme de votre respiration

Inspirez profondément, puis expirez. Accordez-vous mentalement à votre rythme. Concentrez-vous sur votre respiration sans vous laisser distraire par quoi que ce soit. Vous pouvez tout à la fois respirer et être conscient de votre respiration.

La méditation est un pont…

… entre le moi intérieur et le moi extérieur ; entre les moi physique, mental, émotionnel et spirituel. Plus vous établissez de connexions entre votre monde intérieur et votre monde extérieur, plus vous devenez un être intégré.

Exploration sensitive

Commencez par travailler le physique. Explorez les cinq sens : l'ouïe, la vue, le goût, le toucher et l'odorat. Développez le sens intérieur en mêlant souvenirs et imagination. Par exemple : regardez une fleur, puis fermez les yeux et retrouvez son image dans votre esprit. Si vous la perdez, regardez à nouveau la fleur et recommencez.

Pour bien méditer, le corps doit être détendu

Si vous n'êtes pas détendu, votre corps sera une source de distraction. Le relaxer, c'est vous préparer à vivre l'expérience profonde de la méditation.

Sentir le corps

Asseyez-vous ou étendez-vous paisiblement, fermez les yeux, et écoutez votre corps. Passez-en mentalement en revue chaque partie – de la tête aux orteils. Concentrez-vous et sentez les tensions. Accentuez-les. Puis, relâchez-les. Éprouvez la différence.

La méditation passe par l'attention

C'est vous qui dirigez votre mental ; ce n'est pas lui qui vous contrôle. Commencez par discipliner vos pensées. Maîtrisez-les et sachez que vous pouvez les modifier. Vous avez le choix entre développer des pensées positives, inspirées ou des pensées négatives, critiques.

Introspection

Mettez par écrit les dix qualités que vous appréciez le plus chez vous et les dix défauts que vous ne supportez pas. Laquelle des deux listes avez-vous rédigée avec le plus de facilité ? Quels types de pensées alimentent votre existence ? D'où proviennent-elles ? En quoi vous limitent-elles ?

La méditation, c'est relâcher…

… les tensions de votre organisme, les sentiments qui sont causes de ces tensions, les pensées qui vous limitent. Soyez ouvert à votre être authentique. Commencez par identifier vos sensations. Soyez un explorateur de votre être et écoutez ce que cachent vos sentiments. Ne les niez en aucun cas.

identification

Lorsque vous vous sentez déprimé, prenez le temps d'identifier la dépression, plutôt que de la nier. Cherchez où elle s'exprime dans votre organisme et concentrez-vous sur ce point. Écoutez ce que vos sentiments vous disent. Ne laissez pas votre raison leur imposer silence.

La méditation est source d'énergie

Lorsque la méditation vous aura procuré la sensation d'être centré plutôt que dispersé ou stimulé de manière désordonnée, vous découvrirez en vous une abondance d'énergie. Vous apprendrez alors à vous concentrer sur ce qui est important dans la vie et à négliger le reste.

Le corps de lumière

Imaginez votre corps enveloppé de lumière. Inspirez et faites-la circuler dans chacune de vos cellules. Efforcez-vous de la voir, de la sentir et de la diriger. Imaginez que chaque cellule s'en trouve ainsi rénovée et revitalisée, qu'elle recouvre sa santé et son intégrité. Quand votre organisme tout entier sera rempli de cette lumière, visualisez-la irradiant de votre corps aussi loin que porte votre vision intérieure.

La méditation favorise la conscience

Assumez la responsabilité de ce que vous êtes et de ce que vous devenez. Votre être ne se limite pas à votre corps physique. Vous avez des sentiments, des pensées et un esprit, lesquels sont reliés les uns avec les autres. Rien n'opère dans le vide. Plus vous méditez, moins vous êtes tenté de blâmer les autres ou les événements extérieurs et mieux vous assumez vos responsabilités.

C'est moi ou c'est toi ?

Installez-vous dans un espace calme et silencieux, respirez profondément et examinez une situation de conflit. Portez votre regard au-delà des sentiments apparents. Que défendez-vous ? Quelles sont vos peurs ? Qu'avez-vous à gagner ?

La méditation vous aide à faire la part des choses…

…entre illusion et réalité, entre la personne que vous voudriez que les autres croient que vous êtes et la personne que vous êtes réellement.

Qui suis-je ?

Respirez profondément jusqu'à ce que vous vous sentiez calme et détendu, puis posez-vous la question : « Qui suis-je ? » Chaque fois que vous obtiendrez une réponse, reposez-vous la même question. Puis visualisez-vous au centre d'un miroir et demandez à votre reflet : « Qui es-tu ? » Où se situent les différences ?

La méditation fait tomber les masques…

… que vous portez pour dissimuler vos peurs et vos doutes. Que cela ne vous effraie pas. C'est à vous que revient la tâche d'ôter les masques quand ils ont cessé de vous protéger.

Le soldat

Imaginez que vous êtes un soldat qui rentre chez lui après une bataille. Dans l'intimité de votre chambre, retirez les diverses pièces de votre armure. En les déposant, une à une, sur votre lit, examinez-les soigneusement. Que représente chacunes d'elles ? Donnez-leur un nom.

De Bêta à Alpha

Essayez de vous détendre, de lâcher prise et de ralentir votre activité cérébrale. Ensuite, dépassez le stade de la pensée. Concentrez-vous sur un objet animé : un arbre dans le vent ou une flamme de bougie. Observez-le et fixez-le dans votre mémoire, puis fermez les yeux. Lorsque l'image s'estompera, ouvrez-les et répétez le processus pas à pas.

La méditation est sérénité

Lorsque vous réussirez à méditer, vous trouverez toujours une plage calme, paisible au milieu de la tourmente. Vous n'aurez plus à vous couper de l'environnement extérieur. La tourmente passera comme des rides à la surface d'un étang.

Un étang de réflexion

Imaginez un étang aux eaux claires et paisibles. Voyez la lumière radieuse qui le pénètre jusqu'au sable du fond. Entourez cet étang d'arbres et de végétaux magnifiques. Visualisez-le souvent, jusqu'à ce que son image soit imprimée dans votre esprit. Ensuite, allez vous y ressourcer chaque fois que vous en éprouvez le besoin.

Un chemin de vie

Imaginez-vous au début d'une route. En fait, c'est là que vous vous trouvez en ce moment. Vous portez sur le dos vos biens les plus précieux. Regardez le panneau de signalisation : il indique l'endroit où vous allez.
Suivez la route aussi loin que possible et enregistrez tous les détails du chemin. Peut-être rencontrerez-vous d'autres personnes. Quelle part de vous-même représentent-elles ?

Un saut temporel

Faites un saut dans votre avenir : projetez-vous dans un an, dans cinq ans, dans dix ans. Quelles sont les personnes qui vous entourent ? Où êtes-vous ? Que faites-vous ?

Maintenant, examinez votre vie à la lumière de ce que vous venez de découvrir.

Méditez sur le « maintenant »

Plus vous pratiquerez la méditation, plus vous vivrez intensément chaque instant. Vous serez pleinement dans le présent, sans distraction aucune.

La marche réfléchie

Dans certaines retraites zen, les moines bouddhistes consacrent des heures à marcher – vers l'avant, vers l'arrière, dans un mouvement délibérément lent. Ce faisant, ils méditent sur le mouvement du pied qui se soulève et s'abaisse à chaque pas et sur son placement délibéré sur le chemin.

Consacrez dix minutes de concentration totale à votre marche.

Méditation et concentration sont cousines

La concentration est une étape majeure sur le chemin de la méditation. Elle vous permet de mettre l'accent sur le particulier. La méditation vous aide à percevoir l'ensemble.

Plusieurs voies mènent à la méditation

Il n'existe pas une façon unique de méditer. À vous de trouver celle qui vous convient – la plus simple. Pour vous, la méditation passera peut-être par la respiration, par le silence et l'absence de pensée, par la visualisation ou encore par le chant.

Explorez

N'ayez pas peur de tenter des expériences, d'explorer ! Après quelques années de méditation, vous constaterez probablement que vous ne pratiquez plus comme aux premiers temps. Lorsque vous maîtriserez mieux votre sujet, vous trouverez des manières plus simples d'accéder à l'état méditatif.

La méditation favorise la créativité

De multiples recherches ont été consacrées aux liens existant entre méditation et créativité. La méditation rapprochant le conscient de l'inconscient, elle favorise l'accès du mental à l'imagination, aux rêves et aux réflexions.

La méditation favorise l'intégration

Le cerveau droit – perceptif, intuitif, globalisant – fonctionne conjointement avec le cerveau gauche – rationnel, analytique, critique. La méditation équilibre et concentre, afin que l'un ne prenne pas l'ascendant sur l'autre.

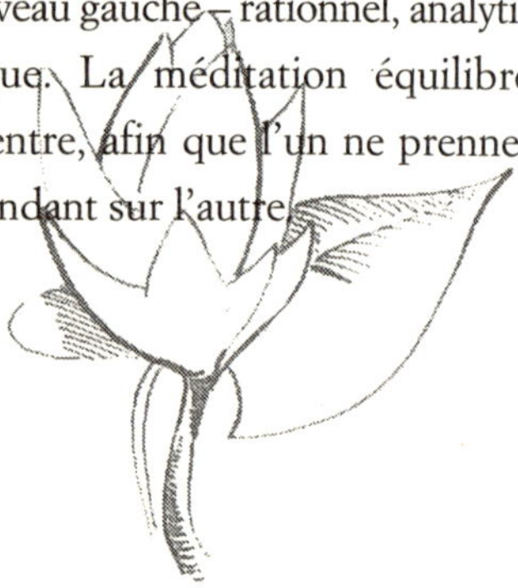

La méditation a des effets bénéfiques

La méditation diminue la pression sanguine, ralentit le rythme cardiaque et les ondes cérébrales, elle réduit la consommation d'oxygène et l'élimination d'acide carbonique, ainsi que la quantité d'acide lactique dans le corps ; elle favorise la circulation sanguine.

trois pas simples

Les situations chaotiques ne supportent pas les procédures complexes.

– Inspirez et expirez par le plexus solaire.

– Tout en expirant, répétez mentalement : « Ça va passer ! »

– Ne laissez pas votre mental se détourner de cette réflexion centrale tant que le plus gros de la tempête n'est pas passé.

Si vous avez l'occasion de pratiquer cet exercice en pleine nature, c'est encore mieux.

Méditer c'est être, pas maîtriser

La maîtrise implique l'effort et la réalisation d'un objectif. La méditation demande, en revanche, d'être ouvert, à l'écoute et de lâcher prise. Elle est centrée sur l'âme.

Méditez sur vos rêves

Vos rêves sont vos visions les plus élevées. Décidez de ce qui importe vraiment dans votre vie, puis étudiez et définissez votre rêve afin de lui permettre de se matérialiser.

Découvrez les obstacles et confrontez-les l'un après l'autre.

Étoile

Établissez un lien d'intention entre vous et votre rêve. Pour ce faire, visualisez une étoile brillante au fin fond des cieux. Des rayons de lumière courent de l'étoile jusqu'à vous.

À présent, projetez votre vision sur ces rais de lumière jusqu'au centre de l'étoile et visualisez son énergie revenir vers vous.

Méditez chaque jour sur votre étoile.

La méditation nécessite un engagement

La méditation n'est pas une activité qu'on pratique à la légère. Si vous voulez vraiment changer votre vie (parce que c'est cela que provoque la méditation), impliquez-vous pleinement.

Oubliez toute notion d'effort et d'attente – ce sont des concepts lourds qui vous empêcheront de… décoller ! Méditez avec joie et le cœur léger.

Attendez-vous à connaître des échecs, et tirez-en les leçons.

Le contrat

Renforcez votre engagement en rédigeant un contrat avec vous-même, signez-le et datez-le. Écrivez-le sur une belle feuille de papier coloré. Lisez-le souvent.

« Moi (votre nom) décide librement et fermement de consacrer chaque jour du temps à la méditation. Je sais qu'en pratiquant de la sorte je deviendrai un être plus calme et plus heureux. J'en bénéficierai personnellement, et j'en ferai bénéficier tous mes proches. »

La méditation est le chant du silence

Plus vous serez calme, plus votre ouïe sera fine. Écoutez et vous vous ouvrirez à votre être intérieur, ainsi qu'à l'énergie qui vous entoure.

Contraste : l'église et la gare

Asseyez-vous dans une église vide et laissez-vous pénétrer par l'énergie environnante ; puis, répétez la même opération dans une gare, à une heure de pointe. Fermez les yeux et concentrez-vous sur les bruits jusqu'à ce que vous communiiez avec le silence présent par-delà le bruit.

Méditez sur la beauté qui vous entoure

Les effets de cet exercice sont stupéfiants. Ils stimulent votre moral et votre énergie. Ils réduisent aussi votre stress. Se concentrer sur de belles pensées engendre encore plus de belles pensées. C'est une expérience positive et gratifiante.

Le pré

Visualisez un paysage naturel – réel ou imaginaire, voire les deux. Ce pourrait être un pré. Placez-vous en son milieu. Ne restez pas un observateur extérieur. Visualisez chaque détail et utilisez vos sens intérieurs pour rendre ce lieu vivant. Faites-en un site spécial – une sorte de refuge. Sachez que vous pourrez y retourner aussi souvent que vous le souhaitez.

La méditation est harmonie

En méditant souvent, vous réussirez à introduire une plus grande harmonie entre les parties conflictuelles de votre être. Vous commencerez à voir, à entendre, à ressentir des choses que vous n'aviez jamais remarquées ; vous vous sentirez plus en prise avec le monde qui vous entoure.

Du moi au monde

Le conflit que vous observez en vous-même n'est qu'une version réduite du conflit opposant les nations. Plus nous restaurons notre harmonie intérieure, plus le monde en bénéficie. Visualisez les régions troublées de la planète et envoyez-leur lumière et amour.

à propos de plaisir et de joie

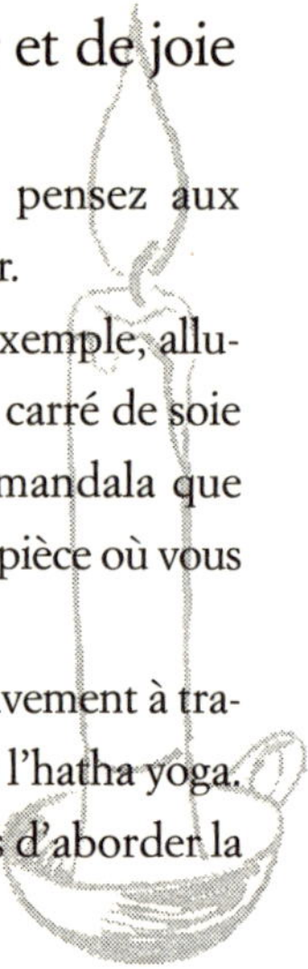

– Cultivez l'anticipation : pensez aux moments de détente à venir.

– Élaborez un rituel : par exemple, allumez un cierge ou étalez un carré de soie devant vous ; trouvez un mandala que vous fixerez au mur dans la pièce où vous méditez.

– Découvrez la joie du mouvement à travers la danse : le t'ai chi, ou l'hatha yoga. Explorez diverses manières d'aborder la méditation.

Lever et coucher de soleil

Faites-vous un cadeau. Sautez du lit de bonne heure et regardez le soleil se lever. Remarquez la différence d'atmosphère ; regardez les ténèbres céder la place à la lumière et les couleurs éclatantes s'estomper. Fermez les yeux et conservez à l'esprit l'image de ce lever de soleil. Ressentez-le jusque sur votre peau.

Faites de même au coucher. (La plage est un endroit idéal pour méditer sur les couchers de soleil.)

La méditation est un puits de force…

… auquel vous pouvez puiser en période de stress. Servez-vous autant que nécessaire et vous y trouverez des moyens de surmonter les difficultés de l'existence. Le puits représente la sagesse infinie qui existe en vous et autour de vous.

Le puits sans fond

Visualisez un puits qui jamais ne s'assèche. Plongez-y votre seau et voyez ce qu'il vous ramène à la surface.
Vous pouvez choisir de faire descendre un seau vide, ou un seau dans lequel vous aurez préalablement déposé une question.

La méditation est un monde dans un grain de sable

Chaque grain de sable est une infime portion du tout, pourtant il renferme l'essence du tout.

De la même manière, vous êtes une infime partie de l'ensemble, pourtant vous possédez en vous tous les éléments de la globalité.

La méditation est un processus d'évolution

Si vous méditez régulièrement, le rythme de votre évolution personnelle s'accélérera. Le changement deviendra plus facile ; il vous coûtera moins d'effort. Vous saurez quand vos structures mentales ne vous seront plus utiles, et vous souhaiterez en changer.

En roue libre

Un petit truc : après une méditation, écrivez sur un bout de papier une de vos vieilles croyances. Entourez-la d'un cercle puis, sans réfléchir, reliez le cercle à des expressions, à des phrases, à des mots que vous associez à cette croyance. Quelles nouvelles idées ont ainsi vu le jour ?

La méditation augmente votre pouvoir

Mieux vous apprenez à vous connaître à travers la méditation, plus vous réalisez que vous êtes seul responsable de votre bonheur.

Vous cessez d'être une victime des circonstances de la vie et vous réagissez afin de reprendre la direction de votre existence. Peut-être devriez-vous commencer par modifier votre attitude.

Le nénuphar

Trouvez un nénuphar et regardez-le se déployer ; d'abord, ce n'est rien qu'un bouton, mais petit à petit, celui-ci s'ouvre et devient une fleur épanouie. Imaginez-vous tel un bouton fermé. Les pétales s'ouvrent un à un, et révèlent peu à peu le centre de votre fleur. Or, en ce centre se trouve un noyau de lumière pure (votre potentiel).

Tout en inspirant, absorbez cette lumière. Expirez, ensuite, et voyez la lumière irradier dans toutes les directions.

La méditation est globalité

Quand le mental ne lutte pas contre les émotions, quand le conscient n'est pas en conflit avec l'inconscient, quand l'ego ne dissimule pas le moi supérieur, vous pouvez accéder à votre globalité. La méditation vous aidera à sortir de tous les conflits ; c'est une voie simple et magnifique.

La méditation apporte la paix

Plus vous apaisez le mental et les émotions, plus vous trouvez la paix. La méditation harmonise le corps, le mental et les émotions avec l'esprit afin qu'ils opèrent de concert.

Lâchez tout

Examinez votre corps de la tête aux orteils et sentez toutes les tensions se dissoudre. Imaginez que les pensées conflictuelles et les distractions sont des ballons. Lâchez les ficelles qui les retiennent. Puis identifiez les sentiments qui leur sont associés et relâchez-les à leur tour.

Éprouvez une sensation de légèreté et de paix.

Méditer sans rien espérer

C'est beaucoup plus plaisant et beaucoup plus facile. Ne rien attendre signifie que vous ne posez aucun jugement sur vous-même, que vous ne vous fixez aucun critère inaccessible, aucun objectif utopique, que vous ne vous dévalorisez pas et que vous ne vous comparez à personne. Donnez-vous une chance : soyez gentil avec vous.

Méditer devient une habitude

Si vous êtes motivé, si vous avez balayé les blocages de votre mental, si vous êtes disposé à y consacrer du temps, de l'énergie et de l'opiniâtreté, la méditation deviendra une habitude et cessera d'être une corvée. Une habitude qui se répète pendant une longue durée devient familière – et naturelle. Vous n'aurez alors plus besoin de « pratiquer » la méditation ; elle fera partie intégrante de vous-même.

Le bon état d'esprit

Songez à vos dialogues intérieurs. Débarrassez-les des « devrait » ou « pourrait ». Reprogrammez-vous de manière à considérer la méditation comme votre meilleure amie, comme une activité qui vous rend plus libre et plus heureux, qui vous procure réellement plus de temps, et qui vous libère de toute pensée destructrice ou perturbatrice.

La méditation guérit

Quand la méditation fera partie intégrante de votre vie, vous constaterez que c'est un guérisseur subtil, sûr et qui travaille en profondeur. Vous pouvez aller aussi loin que vous le désirez dans cette voie.

Quand vous recourez à la méditation pour vous soigner, ou/et pour soigner autrui, elle devient « dynamique » – vous vous engagez activement dans une procédure active.

La méditation a son langage

Comme les rêves, la méditation parle le langage des symboles. Or les symboles vous appartiennent – vous n'avez pas à demander leur sens à qui que ce soit. Ils proviennent de votre subconscient et véhiculent des messages précieux.

Un journal

Rédigez le journal de vos symboles personnels – ceux de vos rêves et ceux de vos méditations. Vous découvrirez des images récurrentes. Qu'associez-vous à ces symboles ? Méditez sur ces symboles et demandez-leur pourquoi ils se sont manifestés à vous.

Ce n'est pas aussi drôle qu'il y paraît !

La méditation demande de la patience

Comprenez que vous êtes un étudiant et que le savoir ou la compréhension ne s'acquièrent jamais de manière instantanée et complète. Il faut du temps pour appréhender l'ensemble du tableau. Attendez-vous à connaître des déceptions et des moments de découragement.

Concentrez-vous sur les acquis

Les échecs et les succès ne sont pas des unités de mesure valables en matière de méditation.

Chaque fois qu'une méditation vous procure un résultat satisfaisant, gravez-le dans votre mémoire et utilisez ce souvenir pour progresser. Raccrochez-vous à cette pensée positive quand vous ne réussissez pas à méditer. Sachez que vous pourrez réessayer plus tard, avec plus de chance de réussite.

La méditation s'inscrit dans une tradition…

…tant en Orient qu'en Occident. Le christianisme recourt aux prières et aux cantiques. L'hindouisme a produit le yoga. Les textes bouddhistes décrivent une pratique méditative pour vaincre la douleur. Le bouddhisme zen insiste sur la respiration et la posture. Dans le cadre de l'islam, le mysticisme et la méditation soufis s'expriment à travers la danse et la musique. Le judaïsme utilise les symboles.

renseignez-vous sur…

…saint Ignace de Loyola et les chants grégoriens ; le raja yoga et les chakras du yoga de la Kundalini. Découvrez les paradoxes du zen. Qu'est-ce que la kabbale et l'Arbre de Vie, et qui sont les derviches tourneurs ? Lisez la poésie soufie de Rumi.

La méditation est stupéfiante

La méditation vous entraîne dans des endroits où vous n'auriez jamais pensé aller. Elle vous surprend en permanence et élargit votre mental.

Si vous souffrez de phobies, vous découvrirez pourquoi.

Quand vous êtes malade, la méditation vous aide à identifier les causes émotionnelles, mentales et spirituelles de vos maux, et vous montre comment assumer la responsabilité de votre bien-être.

Les surprises de l'écriture automatique

Écrivez trois pages aussi rapidement que possible (la vitesse déconnecte votre censeur intérieur). Notez tout ce qui vous passe par la tête. Ensuite, sélectionnez la partie qui vous paraît la plus importante et méditez dessus. Choisissez la phrase clé, puis le mot clé. Quels sont les liens entre vos trois choix ?

Méditez au sommet d'une montagne…

… réelle ou imaginaire ! C'est une expérience merveilleuse, qui vous procurera une vision globale de votre existence ; vous découvrirez ainsi d'où vous venez et où vous allez. Elle vous permettra d'appréhender vos problèmes avec plus de hauteur et de vous fixer des objectifs plus réalistes.

de l'enfant à l'adulte

Voyez-vous comme un enfant au pied de la montagne. Quelle couleur prédomine ? Que se passe-t-il et quels sentiments éprouvez-vous à l'égard de ce qui se passe ?
Grimpez au sommet de la montagne ; il correspond au stade où vous vous situez actuellement dans votre existence. Retournez-vous et appréciez les étapes importantes que vous avez franchies. L'oiseau qui vole au-dessus de vous incarne votre potentiel. Donnez-lui un nom.

La méditation fait partie intégrante de la vie

Ne croyez pas que vous pouvez enfermer la méditation dans un coin particulier de votre existence et que vous pouvez continuer à vivre comme vous le faisiez avant de commencer à méditer. Cela ne se passe pas du tout ainsi !
Si vous voulez pouvoir recourir à la méditation chaque fois que vous en éprouvez le besoin, placez-la au centre même de votre existence. Vous ne le regretterez jamais.

Pourquoi est-ce que je médite ?

Examinez les raisons pour lesquelles vous méditez. Est-ce pour être dans le coup, parce que vos amis méditent, parce que vous pensez que vous devez le faire, parce que vous en éprouvez le besoin, parce que vous le désirez, parce qu'on vous l'a conseillé ?
Êtes-vous capable de méditer dans la joie et d'en éprouver une sensation d'excitation ?
Êtes-vous capable de rester ouvert à tout ce que la méditation vous révèle ?

Méditer seul ou en groupe

Apprendre à méditer au sein d'un groupe est encourageant et agréable. Seulement, faire partie d'un groupe signifie que vous évoluez à son rythme, mais aussi que vous tirez bénéfice des expériences de chacun. Une méditation de groupe dégage une énergie très puissante.

Si vous voulez apprendre à méditer seul, vous devrez faire montre d'une plus grande autodiscipline.

Et pourquoi ne feriez-vous pas les deux ?

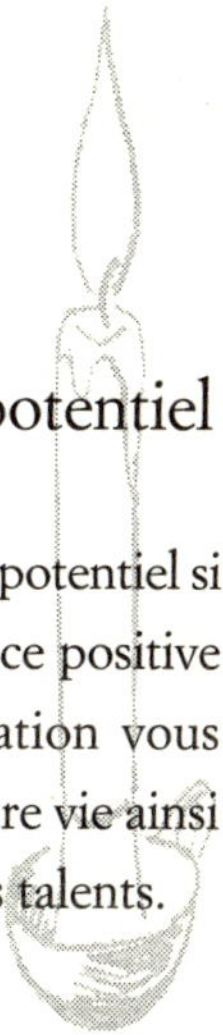

Méditez sur votre potentiel

Vous ne pouvez évaluer votre potentiel si vous n'avez pas une conscience positive de votre « moi ». La méditation vous aidera à trouver le sens de votre vie ainsi que les façons d'exprimer vos talents.

Les « si » et les « mais » qui bloquent

Ne dressez pas de barrières sur votre chemin en multipliant les « si seulement » ou les « mais ». Ces mots sont les masques que revêtent les réalités que vous ne voulez pas affronter. Acceptez de les regarder en face.

Permettez à votre potentiel de s'épanouir. Pour commencer, considérez les blocages, ensuite visualisez-vous ayant déjà atteint votre objectif. Libérez votre potentiel dans une bulle de lumière. Progressez pas à pas.

La méditation conduit à l'humilité

Cela rend humble de voir son ego – si fier et si orgueilleux – chercher à sauver la face ou rudoyer autrui pour l'amener à faire ce que nous désirons.

Il est facile de voir ce genre de défauts chez les autres, mais la méditation nous amène à les repérer chez nous.

Autoquestionnement

Regardez de quelle manière vous cherchez à vous justifier. Quand adoptez-vous une attitude défensive à l'égard des autres ? En quelles circonstances vous attribuez-vous des mérites qui reviennent à d'autres ? Comment vous y prenez-vous pour amener les autres à agir comme vous l'entendez ?

La méditation est chargée de sens

À quoi bon courir en tous sens quand vous ne savez pas ce que vous faites ni pourquoi, ni même pourquoi vous n'avez jamais un instant pour vous détendre, pour être, pour réfléchir ?
La méditation vous libère du temps – du temps pour vous couper des tracasseries quotidiennes et pour vous relier au fil central de votre existence.

du temps libre

Considérez vos priorités. Êtes-vous pris dans un cercle vicieux et avez-vous peur d'en sortir ? Vivez-vous consciemment ou inconsciemment ? Mettez-vous de l'amour et de l'énergie dans tout ce que vous faites ou vous sentez-vous traqué, irritable, insatisfait ?
Si vous n'êtes pas capable de libérer du temps pour vous, personne ne pourra le faire à votre place.

La méditation n'est pas une religion

Même si la religion fait partie intégrante des principales religions, il n'est pas nécessaire d'être soi-même pieux pour méditer.

Visualisez votre manière d'être et entourez-vous d'images et de mots qui renforcent votre vision.

Méditation et succès

Ne vous attendez pas à enregistrer des succès immédiats ou systématiques. Même après plusieurs années de méditation, il est parfois difficile d'atteindre l'état adéquat ; cela vous arrivera aussi. Soyez patient et persévérez. Ne vous laissez pas rebuter par un échec. Ne pas méditer – de temps à autre – n'est pas un problème.

Une approche créative

Si vous adoptez une attitude créative à l'égard de la méditation, vous enregistrerez plus de succès. Si vous êtes incapable de méditer, profitez de l'occasion pour essayer de comprendre pourquoi vous avez échoué (transformez le négatif en positif).

Variez vos modes de méditation : faites des expériences ; inventez ; adoptez un nouveau rituel. Dessinez, peignez ou écrivez. Allez vous balader.

Ne vous prenez pas trop au sérieux !

Méditez sur le vent

Développez vos facultés d'écoute. Branchez-vous sur quelque chose qui n'a pas de forme, ainsi vous ne vous laisserez pas distraire par le sens de la vue. Plus vous pratiquez sur les plans extérieurs, plus il devient simple d'écouter votre voix intérieure, ou votre moi supérieur.

dedans, autour et à travers

Asseyez-vous au sommet d'une falaise, par un jour de grand vent. Fermez les yeux et inspirez le vent : sentez-le caresser la surface de votre corps. Laissez-le vous pénétrer et « souffler » en vous. Sentez son énergie. Absorbez les parfums qu'il porte.

La méditation est apaisante

La méditation apaise toutes les sensations du corps. Le mental s'en trouve moins encombré et moins sollicité par les pensées. Les émotions perdent de leur intensité.

Elle vous permet de vous déconnecter du corps, du mental et des émotions tout en vous reliant plus étroitement à l'ensemble.

Pulsations cardiaques

Concentrez-vous sur le battement rythmique de votre cœur.
Respirez lentement et sans effort.
Répétez en silence, à la manière d'un mantra : « Je suis calme. Rien d'autre n'importe. »

Méditez sur un mandala

Un mandala est un cercle, un symbole de globalité. Les rosaces des églises catholiques sont des mandalas. Ceux-ci renferment des objets de contemplation (par exemple, une croix ou un carré) ou des représentations de la globalité ou de la divinité (comme le symbole Aum ou la figure du Christ).
Méditez sur un mandala en gardant les yeux ouverts.

Passé, présent et avenir

Dessinez un grand cercle, puis un plus petit en son centre. Méditez sur la couleur qui, selon vous, correspond à la vibration dominante de votre nom. Remplissez le petit cercle de cette couleur.

Divisez le reste du cercle en trois parts : votre passé, votre présent et votre avenir, puis méditez sur chacun, avant de remplir les espaces de couleur.

Accrochez le mandala à votre mur.

Méditation et couleur

Chaque couleur est composée d'ondes lumineuses et possède une énergie vibratoire propre. Certaines couleurs sont apaisantes et d'autres excitantes. Les murs des hôpitaux psychiatriques sont peints de couleurs apaisantes pour influer sur l'état mental des patients. Méditer sur une couleur réduit le stress.

« respirer » des arcs-en-ciel

Méditez sur les couleurs de l'arc-en-ciel du rouge au violet. Immergez-vous dans chaque couleur. Inspirez-la et sentez son énergie se répandre en vous. Agit-elle sur certaines parts de votre corps plus que sur d'autres ? Quelles émotions éveille en vous chaque couleur ? Quelles pensées, quels souvenirs vous reviennent en mémoire ?

Méditez sur les chakras

Certains ouvrages consacrés à la méditation parlent des chakras. Les anciens textes indiens définissent les chakras comme les centres énergétiques du corps. Chaque chakra (racine, sacré, plexus solaire, cœur, gorge, front, couronne) a une couleur dominante. Chaque chakra est également associé dans le corps à certains organes, ainsi qu'à des qualités mentales particulières.

Les fleurs de lotus

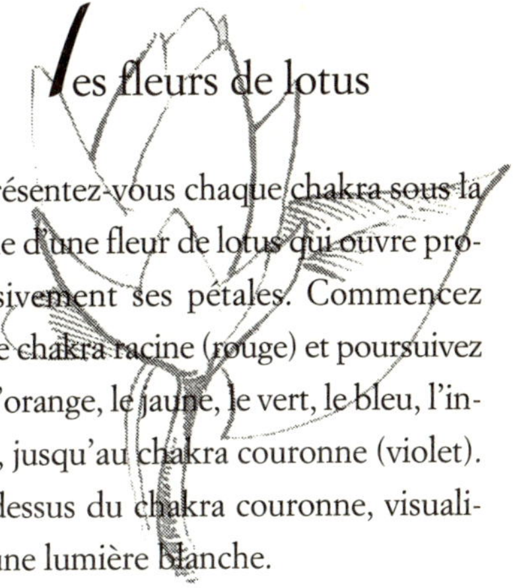

Représentez-vous chaque chakra sous la forme d'une fleur de lotus qui ouvre progressivement ses pétales. Commencez par le chakra racine (rouge) et poursuivez par l'orange, le jaune, le vert, le bleu, l'indigo, jusqu'au chakra couronne (violet). Au-dessus du chakra couronne, visualisez une lumière blanche.

Méditation structurée

Comme son nom le suggère, une méditation structurée a une forme définie. C'est, en quelque sorte, un exercice qui vise à vous permettre de développer vos facultés d'attention, d'observation et de concentration.

Il discipline le corps et le mental de sorte que la méditation s'en trouve facilitée.

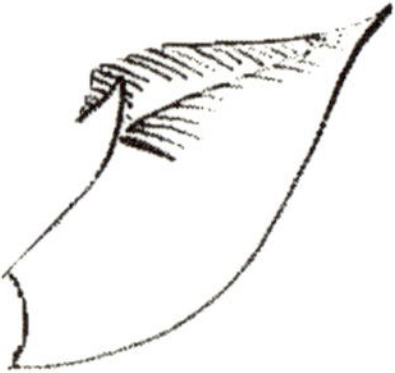

Comptez les respirations

Commencez par détendre votre corps. Concentrez-vous exclusivement sur la respiration qui pénètre, puis ressort, par les narines.

Ne laissez pas le mental s'égarer. S'il est distrait, ramenez-le vers votre respiration.

Comptez jusqu'à quatre pendant l'inspiration, puis de même pendant l'expiration.

Répétez cette opération pendant cinq minutes.

Réfléchissez au sens de cet exercice.

Méditation non structurée

Dans une méditation non structurée, l'activité n'est pas entièrement définie. Ce type de méditation développe sa forme propre au fur et à mesure de sa progression. Vous ne pouvez jamais savoir à l'avance où une méditation non structurée vous emmènera. Elle est excitante, imprévisible et favorise une croissance de la personnalité.

Connexions

Imaginez un ciel étoilé. Certaines étoiles sont particulièrement brillantes. Observez-les. Elles sont les liens avec votre monde personnel. Attirez chacune d'elles à vous et identifiez-la à une personne et aux qualités particulières dont cette personne enrichit votre monde. Pourquoi éprouvez-vous le besoin de ces qualités et que donnez-vous en retour à la personne concernée ?

Laissez le scénario se dérouler librement.

Méditez sur l'abondance

La vie devient une aventure dès que vous tournez le dos aux limitations que vous vous imposiez. La méditation vous aide à réaliser que seules la peur et les croyances négatives vous empêchent d'aller vers ce qu'il y a de « meilleur » pour vous. Reconnaissez et acceptez les opportunités qui se présentent. Ne les laissez pas passer.

Vision

Dans quels secteurs de votre existence ressentez-vous des manques ? Choisissez-en un et visualisez la situation comme vous souhaiteriez qu'elle soit. Notez quels sont vos sentiments et vos pensées dans cet état d'abondance, puis considérez ce que vous faites (croyez ou ressentez) pour vous saboter vous-même.

La méditation active

Il existe des engins qui contrôlent le corps et sa réponse au stress. Quand vous méditez, vous n'avez pas besoin d'instruments. Vous devenez super conscient. Vous pouvez « dialoguer » avec votre corps, lui poser des questions et laisser le sage en vous répondre. Car les réponses se présenteront.

Le conflit intérieur

Réfléchissez à une situation difficile de votre existence. Respirez profondément et gardez le contact avec les sensations qui lui sont associées. Ne permettez pas au mental de reprendre le dessus. Laissez se présenter les pensées relatives au conflit. Ne cherchez pas à les influencer. Discutez avec quiconque se présente dans votre théâtre mental, qu'il s'agisse des « causes » du conflit, du sage en vous ou de votre part d'enfant.

La méditation est pratique

Si vous pensez que la méditation est réservée aux moines et aux monastères, vous avez tort. Elle est bonne pour les adultes et les enfants. Elle peut se pratiquer n'importe où, dans une pièce bondée ou dans votre jardin. Vous pouvez méditer tandis que le monde s'écroule autour de vous, ou lorsque vous êtes heureux.

Il n'existe pas de moment ni de lieu inappropriés à la méditation.

Essayez de méditer…

– Pendant que vous êtes aux toilettes
– Pendant que vous accomplissez la tâche que vous détestez le plus
– Avant une entrevue
– Assis sur une plage
– Dans un lit
– Dans un petit espace clos
– En regardant le cadran d'une horloge.

Méditation et perfection

Regardez la nature et vous découvrirez un merveilleux état d'imperfection ; les arbres noueux et tordus qui s'accrochent au flanc d'une falaise sont magnifiques et impressionnants. La perfection est une perception artificielle après laquelle courent beaucoup d'entre nous. Pourtant, elle est plus l'expression de la rigidité et des préjugés que d'une quelconque élévation. La méditation favorise la croissance et la conscience, pas la perfection.

Ce que vous êtes

Ce que vous êtes aujourd'hui est très bien. Acceptez-vous tel que vous êtes et sachez qu'avec le temps vous allez changer. Ne vous dénigrez pas ; ne vous comparez pas à autrui. Concentrez-vous sur ce qui vous rend unique. Encouragez-vous.

La voie de l'action pour la méditation

Il n'est pas nécessaire de rentrer en vous-même, ou d'être un ascète, pour prendre conscience des bénéfices de la méditation. Certaines personnes sont plus heureuses en s'immergeant dans l'action, comme Mère Teresa, qui travaillait avec les pauvres dans les taudis de Calcutta.
Il vous revient de choisir votre voie d'action.

Un choix passionné

Choisissez une activité ou une cause qui vous tiennent particulièrement à cœur. Consacrez-y du temps et de l'énergie. Investissez-vous cœur et âme. Quand vous y travaillerez, vous serez si profondément impliqué que rien d'autre ne comptera. Le temps passera sans que vous vous en rendiez compte. Vous éprouverez contentement et satisfaction.

La méditation et les émotions

Les émotions sont comparables à des sables mouvants – instables et fuyants. Il est difficile de savoir ce que vous éprouvez vraiment quand vos sentiments changent d'un jour à l'autre.

La méditation vous aide à définir ce qui est réel et ce qui ne l'est pas – ce que vous recevez des autres et ce qui est de l'ordre de la projection.

Vous réaliserez que vous avez le choix de vos émotions comme de vos pensées.

Les étiquettes émotionnelles

Dressez une liste de tous les états émotionnels négatifs : colère, jalousie, haine, désespoir, chagrin, etc.
Quelles pensées et quelles croyances plus générales se dissimulent derrière les émotions que vous venez de recenser ?
Considérez les peurs et les blocages qui alimentent ces émotions.

Méditez sur le positif

Il est si simple de se concentrer sur le négatif en vous et chez les autres. Restaurez l'équilibre en vous concentrant sur ce qu'il y a de positif et d'épanouissant.

Utilisez des affirmations dans vos méditations. Ce sont des formules positives que vous pouvez répéter régulièrement, à voix haute ou en silence.

Éprouvez le sens de votre affirmation et, en définitive, vous modifierez votre mode de pensée.

Affirmation

Rédigez une affirmation au présent. Assurez-vous qu'elle ne renferme aucune connotation négative. Écrivez-la de manières aussi différentes que possible. Gardez-la présente à l'esprit partout où vous allez. Recourez à la respiration pour l'ancrer plus profondément en vous. Exemple : « Je suis sans peur et libre. »

Méditation et gourou

Dans les cultures orientales, il est courant que les novices en matière de méditation fassent appel à un gourou ou à un maître qui les instruira, parfois pendant plusieurs années. L'apprentissage peut impliquer de vivre auprès du gourou, dans un lieu appelé « ashram ».

Vous n'avez pas besoin de gourou pour apprendre à méditer, mais il n'est pas impossible que vous tiriez bénéfice de l'expérience d'une personne plus expérimentée que vous en la matière.

L'ermite

Visualisez un homme âgé, plein de sagesse et d'expérience, qui vit dans une caverne au creux de la montagne. Rendez-vous auprès de lui en pèlerinage. Apportez-lui une offrande (un présent de votre choix) et asseyez-vous à ses pieds. Demandez-lui un conseil général, ou posez-lui des questions spécifiques. Écoutez bien et ne l'interrompez pas !

La méditation réduit le stress

Quand vous êtes stressé, plus rien ne va. Vous manquez d'énergie, vous tombez plus facilement malade, vous ne parvenez plus à penser logiquement, et vos sentiments s'égarent. Bref, vous êtes incapable de faire face.

Si vous savez méditer, vous pouvez non seulement maîtriser votre stress, mais encore l'éliminer de plusieurs secteurs de votre existence.

Variations sur un thème

Vous ne pouvez anticiper le moment où une situation stressante se présentera à vous, aussi soyez prévoyant : considérez la dernière en date. Replacez-vous dans la situation et observez-la. Quelle est l'émotion ou la pensée dominante ? D'où provient-elle ? Sur qui ou quoi faites-vous retomber le blâme ? Quoi ou qui essayez-vous de justifier ? Cherchez des schémas répétitifs dans ce qui vous arrive. En quoi modifierez-vous votre comportement la prochaine fois ? Répétez la scène mentalement.

Quelques conseils pour méditer

Commencez par détendre le corps.
Pratiquez la respiration en profondeur.
Il est plus simple, pour la plupart des gens, de remplir leur esprit plutôt que de le vider, aussi commencez par une phase de concentration et de visualisation.
Méditez chaque fois au même endroit : cela vous aidera à développer une habitude.
Élaborez un rituel que vous répéterez chaque fois que vous méditerez.

Méditation et discrimination

Être capable de dire : « Cela est bon pour moi » ou « C'est une force destructrice dans ma vie » donne de la force. La méditation vous aide à faire la différence. Elle vous permet de prendre ce genre de décisions sans condamner ni autrui ni vous-même.

La sagesse intérieure

Savoir ce qui est bon pour vous implique de savoir dire non, de reconnaître ce qui est à vous et ce qui appartient à autrui (à tous les niveaux), d'être bon avec vous-même, d'éliminer la confusion en étant centré et de comprendre ses besoins. Allez puiser dans votre sagesse intérieure en vous connectant à la sagesse de l'univers.

La méditation est libération

Rien ne pourra changer dans votre existence si vous ne renoncez pas à ce qui, en vous, entrave vos progrès. La décrépitude, la mort et la naissance font partie intégrante du processus de changement. La libération intérieure reflète la libération extérieure, aussi débarrassez-vous de quelque chose sur le plan physique.

La décharge

Visualisez une maison. Poussez la porte et visitez toutes les pièces ; dans chacune, faites le ménage. Chargez les détritus dans le camion qui vous attend devant la porte et dirigez-vous vers la décharge. Videz le camion tout en examinant ce que vous y avez mis. Mentalement, dégagez ces éléments de votre vie.

Regagnez la maison bien rangée. Que ressentez-vous ?

La méditation tisse des liens

Vous voyez les similitudes plutôt que les différences.
Vous comprenez comment les conflits personnels reflètent les conflits de groupe.
Vous rattachez ce que vous faites à ce que vous pensez.
Vous vous sentez lié au monde naturel.

Faire la différence

Choisissez un des points mentionnés sur la page précédente et méditez dessus. Comment pouvez-vous contribuer à l'élaboration d'un monde meilleur ? Votre intervention ne doit pas être révolutionnaire. Faites un pas positif en avant - petit ou grand.

Méditez sur l'enfant intérieur

Il est facile d'oublier que chacun (même vous !) a en lui un enfant. L'« enfant » est spontané, curieux, plein de joie et d'émerveillement. L'enfant est aussi naturellement confiant. Ces qualités sont présentes en vous.

Bien sûr, il y a aussi l'enfant blessé, l'enfant craintif ou dépendant, l'enfant caractériel.

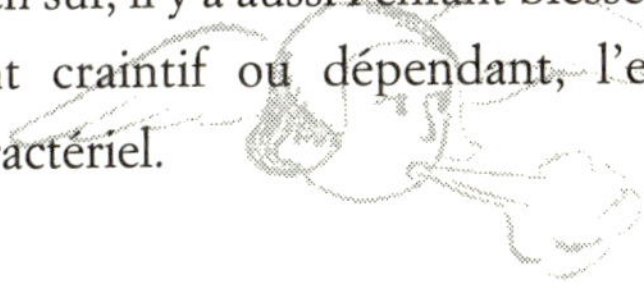

Une autre façon de voir

Si vous pouviez regarder votre vie à travers les yeux d'un enfant, en adoptant sa perspective positive, comment verriez-vous les choses ? Quelle qualité enfantine souhaiteriez-vous posséder en particulier ? Donnez-vous les moyens de l'acquérir.

Méditez sur ce qu'il y a de bien dans votre vie

Il est si facile de considérer comme un dû tout ce qui vous est donné. Appréciez vos qualités propres. Mentalement, remerciez les êtres (vivants ou disparus) qui ont partagé avec vous leur savoir et qui vous ont accordé leur soutien. Considérez votre environnement physique et exprimez votre gratitude pour le toit au-dessus de votre tête, ainsi que pour toutes les beautés naturelles qui vous entourent. Prenez conscience des contributions de la communauté au sens large.

Extériorisation

– Écrivez une lettre ou une carte, ou encore téléphonez à une personne qui vous tient à cœur. Dites-lui à quel point vous l'appréciez et pourquoi.

– Faites un cadeau à quelqu'un que vous aimez.

– Organisez une réception pour remercier vos amis.

– Apportez une contribution pratique à votre communauté.

– Offrez un objet auquel vous tenez tout particulièrement.

Méditer, c'est vivre en conscience

Lorsque vous réussirez à méditer, vous saurez où vous allez. Vous n'aurez plus le sentiment d'être à la merci de la vie. En même temps, vous serez réceptif au « courant » et vous ne chercherez plus à tout contrôler. Vivre en conscience, c'est vivre en connaissance de cause, de sorte que chaque instant est important. Votre vie devient le joyau que vous forgez vous-même.

Le tableau complet

Pour vous faire une idée des schémas qui façonnent votre existence, dessinez une série de cercles sur une feuille de papier. Commencez par le moment de votre naissance et poursuivez jusqu'à l'instant présent. Dans chaque cercle, évoquez (en quelques mots) une expérience qui a contribué à façonner votre vie.

Quels liens voyez-vous se dégager entre les cercles ?

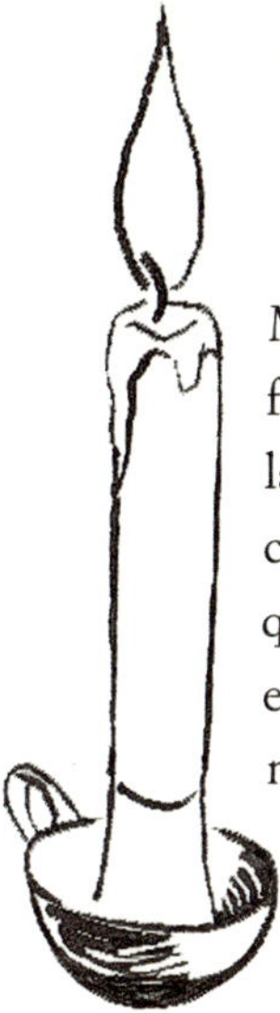

La méditation est source de clarté

Méditer, c'est un peu comme faire courir le faisceau d'une lampe sur une page écrite : cela met en lumière tout ce qui est significatif. L'écriture est votre empreinte sur le monde – ce que vous dites, ce que vous faites. En l'absence d'ordre et de centre, rien n'est clair.

Vision intérieure

Songez à un problème qui vous perturbe. Imaginez-vous dans une forêt sombre. Dans les profondeurs de la forêt, vous arrivez à un étang entouré de cailloux. Ramassez-les et jetez-les dans l'étang en imaginant qu'il s'agit de votre problème. Observez les ronds se former dans l'eau. Voyez-les s'élargir et regardez la surface retrouver peu à peu sa sérénité.

Méditez souvent

Si vous voulez que la méditation devienne simple, méditez souvent. En pratiquant régulièrement, vous en ferez une habitude. Vous identifierez plus rapidement vos blocages personnels – distraction physique, incapacité à visualiser, manque de temps, etc. Méditer souvent vous aidera à faire considérer la méditation comme une priorité.

blocages

Qu'est-ce qui vous empêche de méditer ? Qu'est-ce qui vous empêche de méditer régulièrement, ou d'y prendre plaisir ? Allez chercher les réponses au plus profond de vous-même.

Si vous ne vous accordez pas le temps de méditer, posez-vous les questions suivantes :

– Qu'est-ce qui me retient ?

– Est-ce que je mérite d'avoir du temps pour moi ?

– Mes besoins sont-ils aussi importants que ceux des autres ?

– Est-ce que je crois que la méditation peut m'aider ?

La méditation et le mental

La méditation vous apprend à maîtriser votre mental afin que ce ne soit pas lui qui vous maîtrise. Avant que quoi que ce soit puisse devenir manifeste, il faut d'abord que se forme une pensée. Grâce à la méditation, vous apprendrez à renforcer vos pensées, à les trier, à les examiner et à les libérer.

L'arbre de la connaissance

Reliez-vous à l'esprit universel. Imaginez-vous sous la forme d'un arbre. Sentez vos pieds devenir racines. Sentez que vos racines puisent leurs aliments dans la terre sous vos pieds.

Imaginez des branches qui partent de votre tête et de vos bras, et qui s'étendent jusqu'au ciel, se nourrissant de l'air et du soleil.

La méditation est… simple

La méditation n'a jamais été difficile, bien qu'elle ait acquis cette réputation. Ce n'est pas un processus intellectuel ou ésotérique, ni même spirituel – en tout cas, pas nécessairement. Tout le monde peut apprendre à la pratiquer. Il suffit de le désirer. La seule et unique condition à votre réussite : êtes-vous motivé ?

démêler une boule de laine

Si vous laissez un fil de laine s'emmêler, il formera des nœuds récalcitrants en revanche, si vous le roulez en pelote, il ne vous posera aucun problème.

Il en va de même pour la méditation – elle peut paraître difficile, si vous l'abordez de la mauvaise manière et avec des idées préconçues. Trouvez un système et une structure qui vous conviennent. Votre mode d'apprentissage n'est pas celui de votre voisin.

La méditation est… simple

IMPRIMÉ EN FRANCE PAR BRODARD ET TAUPIN
4826 - La Flèche (Sarthe), le 15-12-2000
Dépôt légal : décembre 2000